AF230835

BIBLIOTHÈQUE PARLEMENTAIRE

L'INDEMNITÉ LÉGISLATIVE

EN FRANCE ET A L'ÉTRANGER

PAR

M. E. LAURENT

Prix : 1 franc

PARIS

A. QUANTIN, IMPRIMEUR-ÉDITEUR

IMPRIMEUR DE LA CHAMBRE DES DÉPUTÉS

7, RUE SAINT-BENOIT

1882

BIBLIOTHÈQUE PARLEMENTAIRE

L'INDEMNITÉ LÉGISLATIVE

EN FRANCE ET A L'ÉTRANGER

PAR

M. E. LAURENT

PARIS

A. QUANTIN, IMPRIMEUR-ÉDITEUR

IMPRIMEUR DE LA CHAMBRE DES DÉPUTÉS

1882

L'INDEMNITÉ LÉGISLATIVE

EN FRANCE ET A L'ÉTRANGER

I

Nécessité de l'indemnité parlementaire. — Son point de départ
en France. — Le duc de Liancourt et le décret du 1ᵉʳ septembre 1789. — Coup d'œil rétrospectif. — Logements préparés
pour les notables. — Allocation donnée aux députés des trois
ordres aux états de Blois.

S'il est de principe aujourd'hui que, dans les États
démocratiques, toutes les fonctions doivent être rétri-
buées, afin qu'elles soient accessibles à tous, il est juste,
de plus, que cette rémunération corresponde aux con-
ditions matérielles de la vie. Est-ce le cas de l'indemnité attribuée aux membres du Parlement actuel ?

A ce propos, nous avons pensé qu'il serait intéres-
sant non seulement de remonter à l'origine de la
question en France, mais encore d'en rechercher les
ramifications à l'étranger.

De quelle époque date l'indemnité parlementaire ?
De la naissance même de nos assemblées.

Le 12 août 1789, le duc de Liancourt s'exprimait
ainsi, au nom du Comité des finances :

Plusieurs membres du Comité ont pensé que le traitement des députés devait être fixé.

Dans un temps où vous ne pouviez offrir à la nation

aucun avantage, aucune réforme, où les finances étaient dans le plus grand désordre, il n'était pas temps de vous entretenir de cet objet; aujourd'hui, les circonstances ne sont plus les mêmes : vous avez accordé un emprunt qui va remplir la Caisse nationale et vous avez à montrer à la France tous les sacrifices qui ont été faits.

Il est de toute vérité que les commettants doivent pourvoir aux besoins de leurs représentants. Plusieurs provinces ont déjà rempli ce devoir, et il semble que l'Assemblée nationale doit faire un traitement égal pour tous et qu'il convient d'indemniser les députés de leurs frais de voyages.

Je propose donc l'arrêté suivant:

1º Le traitement qui doit être fait à chaque député sera payé par jour,.. et pour le voyage de chacun, il lui sera tenu compte de quatre jours s'il n'est pas au delà de 50 lieues de Versailles, de huit jours s'il est dans la distance de 100 lieues, et de quinze jours si l'éloignement est plus considérable.

2º Il sera établi un Comité de quatre personnes pour s'entendre avec le Ministre de la feuille des bénéfices pour aviser au moyen de payer ce traitement.

Après l'insertion de ce projet de décret, *le Moniteur* n'en dit plus mot. Le procès-verbal imprimé observe le même mutisme, ainsi que *le Bulletin des lois.*

Et pourtant le *Traité pratique de droit parlementaire* de MM. Poudra et Pierre, toujours si exact, affirme que le décret a été rendu le 1er septembre suivant.

En effet, il se trouve aux Archives de la Chambre des Députés. Les procès-verbaux originaux des séances du matin et du soir du 1er septembre sont parfaitement semblables aux imprimés, mais, dans le second, est intercalé un autre procès-verbal, ainsi conçu :

« Du 1ᵉʳ septembre 1789, à la séance du soir.

« L'Assemblée nationale, délibérant sur le résultat des différents bureaux relatif aux moyens d'assurer à MM. les députés le remboursement de leurs dépenses, a autorisé le Ministre des finances à faire payer dans cette ville de Versailles, à chacun de MM. les Députés, les quatre mois de leur traitement échus le 27 août dernier, et les frais de route, le tout *d'après le règlement qu'elle a précédemment fait à cet égard,* savoir chaque jour de traitement à raison de 18 livres et chaque poste à raison de 5 livres.

« Elle l'a pareillement autorisé à compter à l'avenir à chacun de MM. les Députés de mois en mois les sommes de traitement échues.

« Elle a ordonné que tous ces payements seront portés et alloués dans les comptes en vertu du présent décret et en rapportant par les comptables les quittances qui leur auront été délivrées.

« L'Assemblée charge son Comité des finances de concerter avec le Ministre de l'exécution du présent décret.

« Et ont signé MM. les président et secrétaires, Stanislas de Clermont-Tonnerre, Talleyrand, de Montmorency, Henri de Longuève, Redon, abbé de Barmond, Deschamps.

Quant au règlement dont il vient d'être fait mention, il n'en existe de trace nulle part. Mais nous pouvons citer un règlement royal du 30 mai où l'indemnité parlementaire est en germe [1]. « Le roi, y est-il dit, s'est occupé de déterminer la forme dans laquelle les frais de voyages, séjours et retours des Députés des villes et communautés, doivent être taxés par les lieutenants généraux de chaque bailliage ou sénéchaussée et acquittés dans les provinces. »

---

1. *Archives parlementaires,* tome Iᵉʳ, page 629 et suivantes.

Le 22 mars, le Ministre de Villedeuil avait écrit à
la municipalité de Versailles pour l'inviter à prendre,
à l'occasion de l'arrivée des Députés aux états généraux, les mêmes mesures qui avaient été prises à
l'égard des notables de 1788, ceux que le garde des
sceaux Lamoignon félicita d'avoir « préparé et facilité
la *révolution la plus désirable*. » La municipalité avait
répondu par l'envoi d'un projet d'articles, approuvé
par le Ministre et dont voici les passages saillants :

« Art. 4. — Le nombre des députés à loger étant d'en-
viron 1200, il sera arrêté ce [nombre de logements de
toutes espèces, et ceux desdits logements qui ne se trou-
veraient pas occupés seront payés au compte du roi aux
propriétaires ou principaux locataires pour trois mois
seulement...

« Art. 5. — ... Lorsque toutes les locations auront été
ainsi arrêtées, l'état des logements par chaque rue sera
imprimé en forme de catalogue pour être remis aux
députés à leur arrivée en cette ville, afin qu'ils puissent
fixer librement leur choix sur le logement qu'ils voudront
occuper. »

Nul doute que, si la réunion des états généraux
avait eu lieu, non au printemps (le 5 mai), mais en
octobre comme celle des notables, la municipalité de
Versailles n'eût eu, de même que pour ces derniers, la
touchante prévenance de faire placer dans le logis de
chaque député « un quart de bois et six margotins. »
L'histoire [1] constate qu'en 1576 et 1577, aux états

1. *Histoire des états généraux*, par Boullée (citée par MM. Poudra et Pierre), tome II, page 241.

de Blois, les députés des trois ordres étaient traités moins naïvement, mais plus substantiellement : il était alloué par jour (à tous seigneurs tout honneur) 25 livres aux évêques, 15 livres à chaque abbé, chef d'ordre ou archidiacre, 12 livres à chaque abbé commendataire et 8 à 9 livres aux autres membres.

II

L'exclusion de la noblesse et du clergé projetée par le vicomte de La Châtre. — La proposition du père Richard contre les absents. — Décret qui s'ensuivit. — Motion d'une retenue d'un quart de l'indemnité au bénéfice de la Caisse patriotique combattue par un député de la noblesse au point de vue de l'équité. — Quand le mot *indemnité* fut substitué à l'expression du 1er décret, *traitement*. — La signature de la veuve Marat sur le registre d'émargement. — L'indemnité portée par la Convention de 18 livres à 30.

Un article publié sous la rubrique de *Mélanges*, dans *le Moniteur* du 20 février 1790, signale une intention non suivie d'effet et qui ne manque pas de singularité, attribuée qu'elle est à un représentant de la noblesse. Huit jours auparavant, le vicomte de La Châtre, qui n'avait jamais abordé la tribune, avait vainement tenté d'y monter vers la fin d'une séance du soir pour y faire la motion de réduire à 745 le nombre des députés à rétribuer. Son calcul était très simple : la constitution statuant qu'il suffisait de 745 représentants pour régler les affaires du pays, n'était-il pas ridicule d'en payer 1200 ?

Et sur qui devait peser le *vade retro* de la caisse ?

Sur les députés de la noblesse et du clergé qui, tandis que ceux du tiers représentaient chacun 40,000 ou 50,000 citoyens, ne représentaient, eux, que 80 ou 200 personnes au plus. Et l'auteur anonyme de l'article, qui est un panégyrique, ajoute que « pour appuyer la motion par son exemple, M. de la Châtre se propose en même temps de déclarer qu'il entend placer son nom à la tête de la liste de radiation. » Mais il n'en fut plus question. La peur de la tribune empêcha le chevaleresque député de la noblesse du Poitou de l'affronter sérieusement.

Un bonhomme légendaire, le père Richard, comme on l'appelait, et qui se faisait gloire de son métier de « laboureur », ne craignit pas, lui, de demander qu'on mît en action le proverbe : « Les absents ont tort ».

C'était le 22 juin 1790. Un député du Comminges sollicitait un congé. Citons la scène, aussi caractéristique qu'elle est courte :

M. Gérard. Je demande que tous les députés absents soient privés de leurs appointements.

M. Murinais. Ceci regarde la police de l'Assemblée. Lorsque cette partie sera traitée, on pourra présenter cette motion...

M. Ferrand. Après le serment que nous avons fait de ne désemparer qu'après la Constitution, le décret proposé ne devrait pas subir de difficultés.

M. Gérard, *cultivateur*. Les provinces n'entendent pa que nous allions nous promener.

On demande que le décret n'ait pas un effet rétroactif.

M. Bouche. Je propose par amendement qu'il soit dit : sauf M. Bergasse, qui n'a jamais paru à l'Assemblée.

Les amendements sont rejetés et l'Assemblée décrète que les députés qui se sont absentés ou qui s'absenteront seront privés de leurs appointements tout le temps de leur absence.

Le 26 mars précédent, au milieu d'une discussion sur la contribution patriotique, avait été soulevé un incident qui mérite d'être reproduit :

M. Devoisins [1]. Donnons l'exemple du patriotisme : abandonnons le quart de notre traitement.

Cette proposition est fortement appuyée par le côté droit de l'Assemblée.

M. Lucas. Je propose en amendement que chaque membre fasse ici sa déclaration.

Cette proposition est fortement appuyée par le côté gauche de l'Assemblée.

M. de Croix. Vous montrez toujours un très grand empressement quand il s'agit de faire des sacrifices à la patrie. Deux motions de ce genre sont proposées : j'adopte la seconde et je combats la première. Le traitement des députés n'est point une faveur, c'est une *indemnité* juste et nécessaire. On vous propose d'engager une partie de l'Assemblée à être injuste envers l'autre. Cette proposition tient à des intentions connues.

M. Roederer. C'est la guerre de la richesse contre la médiocrité.

M. l'abbé Privat. Cette motion tend évidemment à la dissolution de l'Assemblée.

M. Alexandre de Lameth. La motion de M. Devoisins a-t-elle pour objet une nouvelle contribution? L'assemblée ne doit payer que celles auxquelles les autres

---

1. Le *Moniteur* met par erreur *M. Voisin*. Il n'y avait pas de député de ce nom.

citoyens sont soumis. S'agit-il d'accorder des secours aux malheureux? Il existe un comité de secours, et j'engage ceux qui montrent un si grand désintéressement à y porter leurs offrandes. Un don doit être libre et proportionné aux facultés de celui qui donne. Un grand nombre de nos collègues a quitté un état honorable et nécessaire à l'existence de celui qui le professait.

Ce citoyen a donc besoin de son traitement. Beaucoup d'autres jouissent de cent mille livres de rente plus ou moins : si ceux-ci abandonnent la totalité de leur traitement, ils ne donnent point assez; si le premier en abandonne le quart, il donne trop.

L'Assemblée ne délibère pas et passe à l'ordre du jour.

La question devait se représenter le 22 avril 1792, sur la proposition de Juéry, mais s'il fut décidé alors que chaque membre abandonnerait le tiers de son indemnité pendant les mois de mai, de juin et de juillet, ce décret devait être rapporté le lendemain à la demande de Bazire. « Il est dans notre cœur à tous, dit-il, de faire des sacrifices, mais ils ne doivent pas être fixés sur un taux uniforme à tous ; car, pour les uns, ce taux serait mesquin et aggravant pour les autres. Si on parvenait à réduire forcément les indemnités attachées à une fonction publique, les citoyens pauvres seraient obligés d'y renoncer et alors nous retomberions dans l'aristocratie des riches ! »

Le mot *indemnité* avait été substitué à celui de traitement dans la séance du 12 avril de la même année, et le 28 octobre 1791, la Législative avait décidé que ses membres toucheraient ce qu'avaient touché ceux de la Constituante.

Même résolution de la part de la Convention. Seulement les 18 livres par jour étaient au pied de la lettre : pour les mois de 30 jours, c'était 540 livres, pour ceux de 31 jours, 558 livres, et pour les 28 jours de février, 504 livres.

Nous trouvons, sur le registre d'émargement de juillet 1793, la signature de la *veuve Marat*, en regard de la somme de 234 francs touchée par elle pour les 13 jours qui étaient dus à celui qui l'avait faite sa femme, sinon devant la municipalité, du moins devant sa famille. On sait que Marat fut assassiné le 13 juillet.

Le 23 nivose an III, au nom des comités de salut public, de sûreté générale, de législation et de finances réunis, Thibault présenta un projet de décret ainsi conçu :

« L'indemnité des représentants du peuple est portée » à 36 livres par jour, à dater du 1er vendémiaire der- » nier. »

A l'instant même, la discussion fut ouverte.

Bentabolle se jeta bravement dans la mêlée :

« Pour démontrer la nécessité de l'augmentation proposée, on n'a qu'à comparer le prix actuel des denrées au prix de 1789... Quelques-uns de nos collègues disent qu'ils ne la recevront pas, eh bien ! je déclare que ce n'est que par une fausse popularité qu'on peut s'opposer au décret. »

Et Cambon d'ajouter :

— Ce sont la noblesse et le clergé qui, pour éloigner les pauvres, n'ont fait décréter, en 1789, qu'une indemnité de 18 livres. Quant à celle de 36 livres, il est aisé de démontrer, par des calculs, qu'en proportion du prix des denrées, elle ne répond pas à ce que valaient 18 livres en 1789. Il faudrait 54 ou 60 livres. »

Et le décret fut voté.

III

Proposition de rapport du décret d'augmentation. — Séance mouvementée de la Convention : les deux Merlin. — Modifications apportées par l'art. 68 de la Constitution de l'an III : le taux de l'indemnité fixé à la valeur de trois mille myriagrammes de froment. — Fluctuations : mois s'élevant à 20,000 francs et même à 40,000 francs. — Fonds spéciaux pour dépenses imprévues. — Le Conseil des Cinq-Cents décide que ses membres doivent être logés.

Le 24 nivôse an III, l'homme qui avait attaqué avec violence Camille Desmoulins et qui devait défendre Carrier avec passion, demanda le rapport de la loi votée la veille et qui doublait l'indemnité des membres de la Convention.

Citons quelques extraits du débat orageux auquel cette motion donna lieu :

Lefiot. — Il appartient à celui qui vit dans une honorable médiocrité... (Violents murmures.)

Plusieurs voix. — Tu as été en mission.

Lefiot. — Je dis qu'il faut donner l'exemple de la frugalité.

Plusieurs voix. — Et des vertus et de la moralité.

Lefiot. — Alors vos appointements pourront vous suffire.

Dartigoyte. — Je demande à Lefiot où est sa femme. (Grande agitation.)

Voix nombreuses. — L'ordre du jour.

Lefiot. — S'il s'agit de personnalités, j'y répondrai, mais après que j'aurai discuté les intérêts du peuple. Je maintiens donc la proposition que j'ai faite de renvoyer aux comités pour savoir si le décret qui porte l'indemnité des représentans du peuple à 36 livres ne doit pas être rapporté. (Violents murmures.)

Il descend de la tribune.

Lefiot, de sa place. — Mon intention était de rappeler un principe.

Une voix. — Ta femme et tes enfants, où sont-ils?

Lefiot. — Je répondrai, car je ne craindrais pas de vivre dans une maison de verre... (Quelques applaudissements.)

Charlier. — La question qui vient de s'élever est du plus grand intérêt pour l'instruction du peuple. Ce n'est pas celui de nos concitoyens, mais celui d'une faction qu'on vient de stipuler. (Applaudissements.) Le peuple toujours juste, le peuple qui a suivi tous les mouvements de la révolution et qui sera libre en dépit de toutes les factions (Applaudissements), le peuple raisonne : il se rappelle que, dans l'Assemblée constituante, Maury et Cazalès furent ceux qui s'opposèrent à ce qu'on allouât une indemnité aux représentants du peuple. (On rit dans une tribune. — Le président rappelle la tribune à l'ordre.) Le peuple sait que le surhaussement des denrées exige l'augmentation d'indemnités qu'il accorde à ses représentants...

Bentabolle. — Je désire que cette discussion devienne utile à la République, et elle le deviendra si la Convention veut m'entendre... La motion qui vient d'être faite n'est qu'une des moindres tentatives pour perdre la Convention... Lorsque nous avons discuté si oui ou non il était nécessaire d'augmenter l'indemnité des représentants du peuple, nous avons parlé franchement : les hommes de probité de l'Assemblée (Quelques murmures. — Plusieurs voix : Oui, oui) ont cru qu'ils ne devaient pas laisser planer le soupçon sur leurs têtes, car tout le monde sait qu'il est impossible de faire subsister une nombreuse famille avec 18 livres par jour. Ce décret fut rendu de bonne foi. Si une partie de l'Assemblée, égarée par les factieux qui veulent nous perdre, croit qu'il est mauvais, je déclare que le danger de la patrie me fera renoncer à mon indemnité. Je mangerai ma fortune, s'il le faut, mais ne perpétuons pas plus longtemps cette division qui déchire la patrie...

Merlin (de Thionville). — Quant à moi, je déclare que je ne puis faire subsister ma femme infirme et deux enfants, sans une augmentation d'indemnité que la hausse des denrées rend indispensable, et que je demanderais à mon département le supplément que la Convention me refuserait.

(Merlin descend de la tribune au milieu des plus vifs applaudissements.)

Merlin (de Douai). — Citoyens, je m'étonne qu'une aussi misérable discussion occupe la Convention nationale pendant un si long temps, surtout quand je pense que j'ai vu, il y a six mois, plusieurs de nos collègues, membres d'un comité, qui manquaient de souliers; je m'en étonne quand je pense que l'ancien tyran dépensait 25 millions par année...

Bourdon (de l'Oise). — Je demande la parole pour une motion d'ordre. Citoyens, il est certain que la motion qui a été faite n'a eu pour principe que la coupable envie d'avilir la représentation nationale. (Vifs applaudissements.)

La Convention doit y répondre par ces mots d'un grand homme : « Il n'y a que trois manières d'exister, *salarié,* mendiant ou voleur. » Jamais la Convention nationale ne rougira d'exposer ses besoins aux yeux du peuple... Je demande l'ordre du jour.

(L'Assemblée passe à l'ordre du jour.)

Des dispositions nouvelles furent prises en fructidor de la même année.

L'article 68 de la Constitution de l'an III porte que les membres du Corps législatif (du Conseil des Cinq-Cents et du Conseil des Anciens) recevront une indemnité fixée à la valeur de 3,000 myriagrammes de froment (613 quintaux 32 livres). Il en résulta des fluctuations toutes naturelles. Des inspecteurs de la salle des séances (les questeurs) statuaient sur le chiffre de l'indemnité, d'après la mercuriale de la halle de Paris que leur envoyait le Ministre de l'intérieur et qui suivait le cours des assignats.

Le 17 nivôse an V, un arrêté des commissions réunies des deux Conseils élargit la marge en décidant que le calcul serait basé sur le prix commun des divers marchés de la république et que l'évaluation de l'indemnité ne serait fixée à nouveau que tous les trois mois.

Voilà qui compliquait quelque peu le travail des inspecteurs de la salle.

Nous trouvons sur les feuilles d'émargement d'énormes variations. Ainsi l'indemnité était, par mois, en brumaire an IV, de 15,000 francs, en frimaire de 20,000 et en nivôse de 40,000, ce qui correspondait à 627 francs, à 660 francs et à 996 francs.

A la suite d'un décret du 2 nivôse an V, portant que le traitement des fonctionnaires ne serait plus payé en papier, les députés touchèrent en numéraire une allocation mensuelle de 619 fr. 60.

Comme une loi du 9 vendémiaire an VI avait enlevé

aux membres du Corps législatif la franchise postale, le 5 frimaire une autre loi établit cette compensation :

Art. 1er.—L'indemnité due aux membres des deux Conseils pour la suppression de la franchise du contre-seing, leur sera payée, à compter du 1er brumaire an VI, d'après les règles et proportions ci-après déterminées.

Art. 2. — Cette indemnité demeure réglée, pour le Conseil des Cinq-Cents, à la somme de 40,000 francs par mois, et pour celui des Anciens, à celle de 30,000 francs aussi par mois.

Art. 3. — Ces deux sommes seront mises, tous les mois, à compter du 1er brumaire, à la disposition des commissaires des deux salles, par les commissaires de la trésorerie nationale, à prendre et prélever sur les fonds destinés aux dépenses imprévues...

Le Conseil des Cinq-Cents, réuni, le 28 thermidor an VI, en comité général, c'est-à-dire en comité secret, statua ainsi :

Considérant que les premiers fonctionnaires de la République doivent être logés dans les bâtiments nationaux, et qu'il en est même usé ainsi à l'égard des Ministres, de plusieurs chefs de division et des principaux chefs des administrations en sous-ordre ;

Considérant que les réparations qu'il aurait fallu faire dans les palais des deux Conseils et les bâtiments qui les avoisinent, pour y loger les représentants du peuple, ont été sans cesse ajournées à cause des dépenses extraordinaires de la guerre ; que l'intérêt des contribuables exige que ces dépenses ne soient faites que quelques années après la paix générale, et qu'il est plus économique d'ailleurs d'attribuer à chaque représentant du peuple le remboursement de ses frais de loyer;

Considérant aussi que le bon ordre et une sévère économie exigent que chaque représentant du peuple se pourvoie à ses frais de tous les objets que nécessitent sa correspondance et les travaux dont il est chargé dans les diverses Commissions, afin que, sous le prétexte de fournitures d'aucunes espèces, il ne se fasse pas dans les bureaux des consommations devenues par trop dispendieuses;

Considérant que l'économie commande encore de mettre à la charge de chaque représentant du peuple l'entretien du costume et même son renouvellement, si, dans l'exercice de ses fonctions, celui qui lui a été remis se trouve hors de service, et qu'il est de l'intérêt de la République de se décharger promptement de ces diverses fournitures et dépenses, en réglant le remboursement auquel les membres de chaque Conseil ont droit de prétendre, à compter du 1er prairial dernier, époque à laquelle la session actuelle a commencé;

Considérant enfin qu'on ne saurait trop se hâter de mettre de l'ordre dans cette partie;

Déclare qu'il y a urgence.

Le Conseil, après avoir déclaré l'urgence, prend la résolution suivante :

Art. 1er. — Les représentants du peuple sont logés aux frais de la république.

Il leur est alloué les frais de bureaux que nécessitent leurs travaux législatifs.

En conséquence, il est payé à chacun d'eux une somme de 330 francs, mois par mois, pour les rembourser de ces objets ainsi que de l'entretien de leur costume.

Art. 2. En exécution du précédent article, la trésorerie nationale tiendra à la disposition du Corps législatif une somme de neuf cent quatre-vingt-dix mille francs, dont un tiers pour le Conseil des Anciens et les deux autres tiers pour celui des Cinq-Cents, pour les quatre derniers mois de l'an VI.

Cette somme sera prise sur les fonds affectés aux dépenses imprévues de l'an VI; elle sera payée sur les mandats particuliers des commissions des inspecteurs des deux Conseils.

Art. 3. Toutes les sommes qui se trouveront rester à la fin de chaque mois, à cause du nombre incomplet des membres de l'un et l'autre Conseil, ou pour toute autre cause, seront préalablement employées, mois par mois, à couvrir les dépenses arriérées et extraordinaires. Et dans le cas où il se trouverait à la fin de l'année un excédent disponible, il sera laissé en caisse pour pourvoir, jusqu'à due concurrence, aux dépenses de l'année suivante.

IV

Ratification par les Anciens de la résolution concernant le logement des Députés. — Fixation de l'indemnité à 12,840 francs. — Distribution de bougies aux représentants. — Réductions de l'indemnité motivées par les besoins de la guerre. — Les 10,000 francs des membres du Corps législatif consulaire, puis impérial, et des Députés de la Chambre de 1814. — Les 18 francs par jour de la Chambre des représentants de 1815.

Le Conseil des Anciens ratifia le lendemain la résolution du Conseil des Cinq-Cents.

A partir de ce moment, l'indemnité ne fut plus soumise à aucune variation : portée à 670 francs, elle s'accrut de 330 francs.

Et en ajoutant 70 francs en moyenne pour les frais de correspondance, le total était par mois de 1,070 fr., soit 12,840 francs par an.

Il faut, de plus, faire entrer en ligne de compte la fourniture gratuite du premier costume, l'indemnité pour les frais de voyage, à l'arrivée et au départ (10 fr. par poste),et les menus bénéfices résultant de l'excédent des recettes. Cet excédent fut consacré en l'an VII à l'achat de 13,300 francs de bougies qui furent distribuées en parts égales aux représentants.

On avait encore tenté, en l'an VI, de frapper les absents. Le coup était parti du Conseil des Cinq-Cents. C'était dans la séance du 11 fructidor :

Deux membres sollicitent et obtiennent des congés.
Deux autres membres en demandent.
On réclame l'ordre du jour.

SCHERLOCK. — Les congés se multiplient trop dans le Conseil pour qu'on ne prenne pas encore une mesure à cet égard. Si le Conseil ne croit pas devoir les refuser, je demande que nul représentant en congé ne perçoive son indemnité pendant le temps de son absence.

Cet avis est vivement appuyé.

LAUJACQ. — Il est vrai que les demandes de congé se multiplient d'une manière effrayante; je ne révoque en doute la légitimité d'aucun des motifs énoncés par les membres qui les sollicitent, mais on ne peut disconvenir qu'il serait à désirer qu'elles fussent moins fréquentes. Toutefois je crois que la proposition est inconstitutionnelle, ainsi que quelques autres de cette nature que le zèle peut avoir dictées également. Je demande l'ordre du jour.

CHOLLET. — Je lis dans la Constitution un mot qui décide la question :

« Les représentants du peuple, y est-il dit, reçoivent une indemnité annuelle. »

L'objection parut sans réplique et la discussion sur ce point fut close.

Le jour où le Corps législatif dénonça à tous les peuples l'assassinat commis sur les ministres français à Rastadt, le 22 floréal an VII, Lemercier émit le vœu suivant au Conseil des Anciens :

Je voudrais qu'une taxe fût mise sur tous les traitements publics, de manière à ce que, depuis le dernier employé jusqu'au législateur et au directeur, chacun subît sur son traitement une réduction proportionnelle destinée aux besoins de la guerre. Ce sacrifice sera propre à opérer parmi tous les citoyens un de ces mouvements de patriotisme libéral dont nous avons déjà vu plus d'un exemple.

Le vœu de Lemercier, approuvé par les Anciens et adopté par les Cinq-Cents, devint une prescription de la loi du 27 floréal, ainsi formulée :

Art. 1er. — Tout fonctionnaire public et employé civil, recevant, à quelque titre que ce soit, un traitement, remise ou indemnité au-dessus de trois mille francs, subira jusqu'à la paix générale la réduction ci-après spécifiée.

Art. 2. Cette réduction sera de 5 pour 100 sur les trois premiers mille francs et de 10 pour 100 sur la partie ultérieure du traitement ou de l'indemnité, à quelque somme qu'elle s'élève.

Art. 3. Les dispositions de la présente s'appliquent aux représentants du peuple.

Le 17 messidor de la même année, au Conseil des Cinq-Cents, Gastin présenta cette motion :

Lorsque les dangers de la patrie exigent de nouveaux sacrifices de la part des citoyens, la justice, le sentiment des convenances commandent aux représentants du peuple d'en donner l'exemple.

Un témoignage éclatant et non équivoque d'un généreux dévouement me paraît devoir être porté comme un principe préliminaire à tout projet de contribution ; car, dans nos sacrifices, se trouve la garantie assurée des sacrifices que vous espérez du peuple.

Je ne dirai point que la loi qui vous donne un supplément d'indemnité est la seule cause du retard dans la rentrée des contributions; mais il est certain que cette loi fit partout éclater le mécontentement, qu'elle devint un prétexte pour vous calomnier et que vous perdîtes par là de votre force d'opinion.

Pour ressaisir cette popularité qui vous est nécessaire pour arriver aux résultats que vous désirez, ne différez pas de donner aux vrais républicains cette preuve de désintéressement qui sera un des plus puissants véhicules pour relever l'esprit public. Il n'est aucun de vous qui ne sente le bon effet que doit produire sur l'esprit du peuple une telle mesure...

Je demande qu'il soit arrêté qu'à dater du 1er messidor, présent mois, le supplément d'indemnité de 330 fr. par mois, accordé aux représentants du peuple, cessera de leur être compté jusqu'à la paix définitive sans qu'il soit dérogé à la loi qui fixe une retenue de 10 pour 100 sur les traitements et indemnités de tous les fonctionnaires publics.

L'urgence fut réclamée et unanimement votée.

Douze jours après, Destrem, au nom de la Commission nommée à cet effet, lut le rapport suivant :

Dans votre séance du 17 de ce mois, notre collègue Gastin fit la proposition de suspendre jusqu'à la paix l'exécution de la loi du 29 thermidor an VI, qui accorde aux représentants du peuple un supplément d'indemnité pour frais de logement, de bureau, de réparation et entretien de costume. Notre collègue demandait en même temps que cette réduction eût lieu sans préjudice de la réduction ordonnée par la loi du 27 floréal dernier sur le restant de l'indemnité.

Une telle proposition, dans les besoins de la patrie, ne pouvait vous trouver froids ni insensibles; vous l'adoptâtes avec enthousiasme et n'en fîtes le renvoi à la Commission, dont je suis en ce moment l'organe, que pour vous en présenter la rédaction.

Votre Commission, citoyens représentants, a pensé que ce ne serait point blesser l'esprit de votre arrêté que d'arriver au but qu'il indique par une voie meilleure et plus féconde en résultats économiques.

Il ne s'agit point ainsi d'acquérir une fausse popularité, mais de faire tout ce qu'exigent les besoins publics justement combinés avec les besoins privés.

Si nous étions dans des temps de paix et de prospérité, il ne devrait pas être question de porter directement ou indirectement la plus légère atteinte à la loi du 29 thermidor an VI; car il serait facile d'établir que des hommes investis du plus auguste des mandats doivent être placés au-dessus du besoin; que la garantie du peuple, plus encore que l'avantage du mandataire et que l'indépendance du mandataire, pour être parfaite, a souvent besoin de ce ressort.

Dans des temps non prospères, ces principes, sans cesser d'être vrais, admettent néanmoins des restrictions passagères, et vous avez prouvé que vous étiez disposés à tous les sacrifices compatibles avec les circonstances.

Il s'agit donc beaucoup moins d'en discuter le fond que d'en régler la forme.

Représentants du peuple, c'est ici que nous avons à vous entretenir d'économie réelle, car ce ne sont pas seulement les représentants du peuple, mais tous les fonctionnaires et employés qui doivent, sur leurs propres traitements, concourir à ce grand but.

Beaucoup d'entre eux le doivent d'autant plus spécialement que, jouissant de la perspective d'un état fixe, ils ne sont pas tous, comme vous, distraits de leur état habituel ni tenus aux mêmes dépenses : ceci n'a pas besoin d'analyse, c'est une vérité sentie...

La disposition légale qui s'ensuivit porte que les indemnités et traitements qui excèdent 4,000 francs, même les indemnités ou traitements des représentants du peuple, des membres du Directoire, des ministres, des ambassadeurs et autres agents diplomatiques seront réduits d'un quart.

Les membres du Corps législatif consulaire, puis impérial, reçurent un traitement de 10,000 francs, que touchèrent également les Députés de la Chambre de 1814 jusqu'au 14 juillet 1815.

Un traitement de 18 francs par jour et une indemnité pour frais de voyage (fixés, comme plus haut, à 10 francs par poste) furent alloués aux membres de la Chambre des représentants de 1815.

V

Motion de M. Glais-Bizoin tendant au rétablissement de l'indemnité sous la Monarchie de 1830. — Décret du gouvernement provisoire de 1848 la portant à 25 francs par jour. — Article 36 de la nouvelle constitution consacrant simplement le principe. — Défense de l'indemnité par M. Dufaure. — Proposition de réduction à 10 francs par jour. — Proposition de fixation à 9,000 francs par an. — Rejet. — Les 25 francs chansonnés comme les 18 francs de la Convention. — Le Corps législatif de 1852 d'abord non rétribué. — Indemnité de 12,000 francs pour chaque session ordinaire. — Allocation de 2,500 francs par mois de session extraordinaire. — Les 30,000 francs des sénateurs de l'empire. — Les 9,000 francs de l'Assemblée constituante de 1871 et des deux Chambres actuelles.

Le 16 juin 1836, M. Glais-Bizoin profita de la discussion de la proposition Gauguier sur les députés-fonctionnaires pour introduire cette motion incidente :

Si la Chambre me le permet, je lui soumettrai quelques idées dont je crois utile de saisir l'opinion publique. J'ai besoin, je le déclare, de toute l'indulgence de la Chambre. La question que j'ai à traiter est délicate, beauconp plus délicate que celle qui est soulevée actuellement... (Ah! voyons donc !) beaucoup plus délicate pour vous, et surtout pour le membre qui occupe cette tribune.

L'honorable M. Gauguier propose de retrancher le traitement aux fonctionnaires-députés. Eh bien! quant à moi, je préfererais qu'on donnât à chacun de nous une bonne et loyale rétribution. (Mouvements et bruits divers.)

S'il y a une vérité bien démontrée, c'est que les fonctions les plus chères pour le pays sont les fonctions gratuites. En 1814, lorsqu'on s'occupait de la composition de la Chambre, un illustre diplomate demanda ce qu'on donnerait aux Députés. « Mais rien, » répondit la majorité du Conseil. — « Rien », répondit l'homme habile, « rien ; alors ils coûteront bien cher. » (Exclamations et murmures.)

Si nous avions entre les mains les documents qui prouvent ce que les Chambres ont coûté à l'État depuis 1814 jusqu'en 1830, les murmures qui accueillent mes paroles n'oseraient pas se reproduire.

Je sais bien que, depuis 1830, ces abus ont cessé...

Après cette concession ironique à la Monarchie de Juillet, M. Glais-Bizoin n'avait plus qu'à descendre de la tribune. Il avait touché juste, mais sans espoir de succès.

Ce fut le gouvernement provisoire de 1848 qui rétablit l'indemnité parlementaire, par le décret de convocation des Assemblées électorales, dont le dixième

.article était ainsi conçu : « Chaque représentant du peuple recevra une indemnité de 25 francs par jour pendant la durée de la session », disposition que l'Assemblée constituante ratifia le 10 juillet.

Dans la séance du 4 octobre fut discuté et adopté l'article 36 de la Constitution, portant que « chaque représentant du peuple reçoit une indemnité à laquelle il n'a pas le droit de renoncer. » L'abbé Abbal demanda qu'elle ne pût pas s'élever au-dessus de 450 francs par mois. Cet amendement fut repoussé. M. Morin (de la Drôme), qui lui succéda à la tribune, commença par .qualifier l'indemnité d'expédient, puis, pour la faire rejeter, demanda qu'elle fût étendue à toutes les fonctions, municipales et autres. A quoi répondit M. Dufaure :

Vous avez déclaré, messieurs, que tous les citoyens, jouissant de leurs droits civils et politiques, avaient le droit d'éligibilité; vous n'auriez commis qu'une odieuse déception si, après l'avoir déclaré ainsi, vous laissiez subsister l'inégalité de fortune qui permettrait aux uns de venir dans cette enceinte, et qui l'interdirait aux autres. (Vive approbation.) C'est pour cela que les membres de toutes les Assemblées populaires ont toujours reçu de la patrie un traitement.

Le 29 décembre, M. Ernest de Girardin proposa de fixer l'indemnité à 300 francs par mois et d'en priver les représentants en congé.

Le lendemain, MM. Reboul-Coste, Charamaule, Vidal, Cazelles et plusieurs autres de leurs collègues, déposèrent la proposition suivante :

L'Assemblée nationale,

Vu l'état des finances et jalouse de donner elle-même l'exemple du désintéressement, en imposant à tous les serviteurs de l'État des sacrifices nécessaires,

Décrète :

Jusqu'au vote d'un budget en équilibre, l'indemnité des membres de l'Assemblée nationale est réduite à 10 francs par jour, celle des questeurs à 15 francs, celle du président à 2,500 par mois. Le traitement des ministres est réduit à 2,500 francs par mois.

Suivant les traitements et émoluments de toute nature perçus par les fonctionnaires publics, il sera exercé une retenue de 20 pour 100.

Les traitements de 1,900 francs et au-dessous seront seuls affranchis de cette retenue.

D'autres motions suivirent [1], à quelques jours de distance, demandant, qui la fixation de l'indemnité à 6,000 francs, qui sa réduction basée sur des retenues variées. M. Charlemagne y répondit en ces termes, au nom du Comité des finances :

Jamais les classes les plus nombreuses ne verront une véritable représentation nationale dans des Assemblées où ne siègera pas un certain nombre de représentants choisis dans leur sein ; jamais elles ne s'affectionneront à des institutions qui sembleront leur interdire l'accès de cette enceinte.

Or ces ouvriers, ces artisans qui viennent des extrémités de la France s'asseoir sur ces bancs, il faut qu'ils abandonnent leurs occupations, leurs ateliers, leurs chalands que peut-être ils ne retrouveront plus à leur retour,

---

1. Présentées par MM. Jules Lacroix, Hamard, Lavallée, Chavoix et Raudot.

il faut qu'ils subviennent à la subsistance de leurs familles privées de la ressource de leur travail. Vous voyez donc que ce n'est pas seulement la vie matérielle que leur doit l'État, et que cette indemnité qui coûte tant de réclamations ne sera pour eux que trop souvent insuffisante.

La même remarque s'applique aux cultivateurs, aux chefs d'industrie dont les établissements exigent une surveillance constante; aux avocats, aux avoués, aux notaires, etc., qui, après trois années d'absence, trouveront leur cabinet désert, leur clientèle évanouie; à tous ceux enfin auxquels une fortune médiocre interdit le séjour de la capitale.

Un représentant du Finistère, M. Cassel, fit, dans la séance du 27 février 1849, la proposition de substituer à l'indemnité quotidienne l'indemnité annuelle (9,000 francs). Mais elle fut rejetée, — peut-être pour provoquer les méchants quolibets sur les 25 francs, imaginés par la réaction et qui n'étaient qu'une plate répétition de ceux sortis de la même source pendant la première Révolution, — dont voici un échantillon :

> Pour dix-huit francs un Robespierre
> Ne cesse de jeter la pierre
> Aux rois, aux grands.
> Des traits malins qu'on lui décoche,
> Il se rit, pourvu qu'il empoche
> Ses dix-huit francs.

C'est avec des injures de ce genre répandues à foison dans le peuple qu'on paralysa, en 1851, la résistance au coup d'État.

Le sénatus-consulte du 14 janvier 1852 institua un Corps législatif non rétribué; mais celui du 25 décembre de la même année alloua aux députés une indemnité de 2,500 francs par mois de session extraordinaire et un autre du 18 juillet 1866 la convertit en une indemnité de 12,000 francs pour chaque session, quelle qu'en soit la durée, réservant pour le cas des sessions extraordinaires l'allocation de 2,500 francs par mois.

Quant aux sénateurs de l'empire, on sait qu'ils touchaient 30,000 francs par an.

Le décret du gouvernement de la défense nationale du 28 janvier 1871 appliqua aux membres de l'Assemblée nationale les articles 96 et 97 de la loi électorale du 15 mars 1849, qui fixait l'indemnité à 9,000 francs. L'article 26 de la loi du 2 août 1875 la rendit commune aux membres des deux Chambres.

VI

L'indemnité parlementaire à l'étranger. — Belgique. — Pays-Bas. — Portugal. — Suisse. — Allemagne : le Reichstag. — La délégation d'Alsace-Lorraine. — Bavière. — États de Brême. — Hambourg. — Principauté de Lippe. — Lubeck. — Prusse : les dix-sept catégories de la Chambre des Seigneurs et les Députés de la Saxe-Royale. — Duchés de Saxe-Cobourg-Gotha. — Principautés de Schaumbourg-Lippe, de Schwartzbourg-Rudolstadt et de Waldeck. — Wurtemberg. — Suède. — Norvège. — Danemark. — Basse-Autriche. — Hongrie. — Grèce. — Turquie. — Bulgarie. — Roumanie, particularité gênante : feuille de présence et appel nominal. — Serbie. — États-Unis : indemnité de 5,000 dollars (25,000 francs). — Tennessee. — Kentucky. — Ohio. — Maine. — New-Hampshire. — Brésil. — Conclusion.

Nous allons maintenant indiquer sommairement les

mesures édictées dans le même sens à l'étranger.

En Belgique, les membres de la Chambre des représentans, excepté ceux qui habitent Bruxelles, touchent une indemnité mensuelle de 200 florins (423 fr. 20) pendant la durée des sessions.

Les membres de la première Chambre des Pays-Bas reçoivent par jour pendant la session une indemnité de 8 florins (17 fr. 75). Ceux qui ne demeurent pas à la Haye ont droit en plus à 75 cents (1 fr. 50) par heure de voyage.

Les membres de la deuxième Chambre touchent une indemnité annuelle de 2,000 florins (4,223 fr.).

En Portugal, l'indemnité nouvelle des députés est de 100,000 reis (555 fr. 55).

En Suisse, les députés au Grand-Conseil de Berne touchent une indemnité de 20 francs par jour, avec les frais de voyage en plus.

Ceux du Grand-Conseil de Zurich ont un traitement analogue.

En Allemagne, les membres du Reichstag ont simplement le libre parcours sur les chemins de fer de l'empire.

Ceux de la délégation d'Alsace-Lorraine reçoivent une indemnité de 20 marcs (25 fr. par jour) et ont droit, en outre, au remboursement de leurs frais de voyage.

Les députés de Bavière touchent, outre leurs frais de voyage (2 fr. 15 par lieue), une indemnité de 5 florins (10 fr. 75) par jour, s'ils n'ont pas leur domicile dans la ville où siège le parlement.

Les sénateurs de l'État de Brême reçoivent un traitement de 8,640 marcs (32,400 fr.).

Ceux de Hambourg reçoivent également un traitement.

Les députés de la principauté de Lippe touchent une indemnité de 9 marcs (11 fr. 25) par jour et de plus des frais de voyage.

Les sénateurs de Lubeck sont au nombre de quatorze. Huit d'entre eux, qui doivent être des lettrés, reçoivent 9,000 marcs (11,250 fr.), et les six autres, qui doivent être des jurisconsultes, 3,600 marcs (4,500 fr.). Ils ont droit à une pension.

En Prusse, les députés reçoivent une indemnité de séjour et de voyage, qu'ils n'ont pas le droit de refuser.

La Chambre des seigneurs de la Saxe-Royale se compose de dix-sept catégories : ceux-là seuls d'entre ses membres touchent une indemnité de séjour et de frais de voyage qui n'habitent pas dans la ville où se réunit le Landstag et qui appartiennent aux huitième, dixième, treizième, quatorzième, quinzième, seizième et dix-septième catégories, c'est-à-dire : le premier prédicateur évangélique de la cour, le surintendant de Leipzig, douze députés nommés à vie par les propriétaires de biens nobles et d'autres grands domaines ruraux, des propriétaires de biens nobles choisis par le roi et nommés à vie, le premier magistrat de six villes désignées par le roi suivant son bon plaisir, mais choisies autant que possible sur tous les points du territoire, cinq membres nommés à vie et choisis par le roi.

Les membres de la Chambre des députés non domiciliés au siège du Landstag touchent tous une indemnité également indéterminée de séjour et de voyage.

Les députés des deux duchés de Saxe-Cobourg-Gotha, qui n'habitent pas au lieu de la réunion, reçoivent 10 marcs (12 fr. 50) par jour, et les autres 6 marcs (7 fr. 50).

Ceux de la principauté de Schaumbourg-Lippe touchent 6 marcs par jour.

Ceux de la principauté de Schwartzbourg-Rudolstadt reçoivent une indemnité correspondante au strict nécessaire.

Ceux de la principauté de Waldeck touchent une somme quotidienne non déterminée.

Ceux enfin du Wurtemberg reçoivent par jour une indemnité de 9 marcs 86 (12 fr. 35).

Les députés suédois touchent 200 couronnes (1,700 fr.) par session ordinaire de quatre mois et 10 couronnes (14 fr.) par jour de session extraordinaire, sans compter les frais de voyage.

Les députés norvégiens touchent, outre l'indemnité de voyage, 12 couronnes (16 fr. 95) par jour de session.

En Danemark, les membres du Rigsdad reçoivent une indemnité de 6 couronnes (8 francs) par jour et sont remboursés de leurs frais de voyage.

Dans la Basse-Autriche, les membres du comité permanent touchent une indemnité fixée par la diète.

Les députés hongrois reçoivent un traitement annuel de 800 florins (2,000 francs), plus une indemnité de 6 florins 25 kreutzers (13 fr. 10) par our de session.

Les députés de la Grèce ont droit à une indemnité de 2,000 drachmes (2,000 francs) pour chaque session ordinaire. En cas de session extraordinaire, ils ne touchent que des frais de voyage. Les membres qui reçoivent une allocation quelconque du Trésor ne peuvent y ajouter que de quoi parfaire l'indemnité de député.

Les députés de la Turquie, outre leurs frais de voyage, reçoivent une indemnité de 20,000 piastres (4,600 francs) et les sénateurs un traitement de 10,000 piastres (2,300 francs).

Les membres de l'Assemblée nationale de la Bulgarie touchent une indemnité de séjour et une autre de voyage.

Les sénateurs de la Roumanie, qui sont en général de grands propriétaires, d'anciens hospodars, ne touchent rien.

Les députés roumains reçoivent un billet gratuit de chemin de fer, aller et retour, de leur ville à Bucharest. Ils touchent en argent 2 ducats d'Autriche (28 fr. 60) par séance. Leur présence est constatée par leur signature sur une feuille placée à l'entrée de la Chambre et par l'appel nominal à la fin de chaque séance.

Les députés de la Serbie reçoivent une indemnité quotidienne de 8 francs, à partir du jour où ils se déplacent jusqu'au jour où ils rentrent chez eux.

La Constitution des États-Unis porte que « les re-

présentants recevront une indemnité pour leurs ser-
vices, laquelle sera déterminée par une loi et payée
sur le Trésor. »

Une loi du 28 juillet 1866 stipule que l'indemnité
de chaque sénateur, représentant et délégué au Congrès, sera de 5,000 dollars (25,000 francs) par an, pour
être comptés à partir de l'ouverture, et qu'il y sera
ajouté une indemnité de voyage, à raison de 20 cents
(1 franc) par mille, à évaluer par la plus courte voie
usitée tant à l'aller qu'au retour pour chaque session
régulière.

Il est stipulé, en outre, que les comptes des frais
de voyage seront certifiés, pour les sénateurs, par le président du Sénat, et pour les représentants et délégués,
par le président de la Chambre des représentants.

Une autre loi du 20 janvier 1874 contient les dispositions suivantes :

Les représentants et délégués élus au Congrès,
dont les créances ont été dûment enregistrées par
le secrétaire de la Chambre des représentants, recevront leur indemnité mensuellement, pendant toute
la législature, moyennant un certificat signé dudit
secrétaire et qui aura les mêmes force et effet que
celui du président de la Chambre sous la dernière loi.

Chaque membre ou délégué devra de plus avoir
prêté le serment requis pour toucher son indemnité.

Le secrétaire du Sénat et le sergent d'armes de la
Chambre, respectivement, déduiront de l'indemnité
mensuelle de chaque membre ou délégué le montant
des jours où il aura été absent, à moins que cette

absence n'ait eu pour cause son état de maladie ou l'état de maladie de l'un des siens.

Quand un membre ou délégué s'absentera et ne pourra reprendre son siège avant la prorogation du Congrès, il perdra, en outre de la somme déduite pour chaque jour, une somme égale à ce qui lui aurait été alloué pour ses frais de retour, à moins que cette absence n'ait été autorisée.

Quand un document obligatoire a été livré à un membre ou délégué, en vertu d'une résolution de l'une ou de l'autre Chambre, le prix en doit être perçu en déduction de l'indemnité de ce membre ou de ce délégué. Exception est faite pour les documents dont la distribution est ordonnée.

Par une résolution de la Chambre du 6 mars 1842, le sergent d'armes est requis de déduire de l'indemnité du membre qui a fait abus de fournitures de bureau la somme correspondante à cet abus.

Lorsqu'une vacance se produit dans l'une ou l'autre Chambre par décès d'un membre ou délégué, ou pour toute autre cause, après l'ouverture du Congrès pour lequel il a été élu, celui qui le remplace reçoit une rétribution partant du moment où l'indemnité de son prédécesseur a cessé.

Quant aux États pris en particulier, voici ceux dont la Constitution spéciale renferme une clause concernant l'indemnité législative. En regard de chacun d'eux, nous nous contenterons de citer l'article en question :

Tennessee. — Aucun membre de la législature ne recevra plus d'un dollar et soixante-quinze centimes par jour et autant pour chaque fois trente-cinq milles qu'il aura à parcourir pour aller à l'Assemblée générale et en revenir.

Kentucky. — Les membres de l'Assemblée générale en totalité recevront une indemnité pour leur service, qui sera d'un dollar et demi par jour, pendant l'exercice de leurs fonctions, plus leur aller et retour. Cette indemnité pourra être augmentée ou diminuée par une loi, mais ce changement ne pourra être appliqué à la session dans laquelle il aura été fait.

Ohio. — Les membres de la législature ne reçoivent que deux dollars par jour pendant la durée des sessions et par chaque vingt-cinq milles qu'ils seront obligés de faire pour s'y rendre ou pour en revenir.

Maine. — Les sénateurs et représentants recevront des appointements qui seront fixés par la loi; mais il ne pourra être fait aucune loi augmentant ces appointements dans le cours d'une législature. Les dépenses des membres de la Chambre des représentants pour se rendre à l'Assemblée et en revenir, une fois chaque session, et pas plus, seront payées par l'État, sur les fonds du trésor public, pour tout membre qui aura siégé durant un temps convenable au jugement de la Chambre et qui ne se sera pas retiré sans congé.

New-Hampshire. — Les membres des deux Chambres de la législature recevront des appointements sur le trésor de l'État, en vertu d'une loi portée à cet effet : les membres devront siéger en temps requis et ne pas s'absenter sans permission.

La Constitution du Brésil contient les deux articles suivants :

Art. 39. Les députés recevront, durant les sessions,

un subside pécuniaire réglé à la fin de la précédente législature. Il leur sera alloué, en outre, une indemnité pour les frais d'aller et de retour.

Art. 51. Le subside des sénateurs sera d'une fois et demie celui des députés.

L'historique que nous venons de donner de la question de l'indemnité législative démontre surabondamment que la gratuité de ces fonctions finira par n'être plus que l'exception.

Il demeure acquis aussi que le principe de cette indemnité est sorti des entrailles de l'ancien régime (puisque la première application en eut lieu aux états de Blois) et que ce fut sur la proposition d'un membre de la noblesse (le duc de Liancourt) que la Constituante décréta, pour les députés, non seulement un « traitement, » mais encore une indemnité de voyage.